27
L n. 13834.

VIE
DES VIERGES
SAINTE MAURE
ET
SAINTE BRIGIDE.

PARIS. — IMPRIMERIE DE CASIMIR,
RUE DE LA VIEILLE-MONNAIE, N° 12.

VIE

DES VIERGES

SAINTE MAURE

ET

SAINTE BRIGIDE,

PROTECTRICES

DE LA COMMUNE DE NOGENT-LES-VIERGES,

ET

HISTOIRE DES MIRACLES QUI SE SONT OPÉRÉS DEPUIS LEUR MARTYRE PAR LA VERTU DE LEURS RELIQUES.

OUVRAGE

Publié au profit de l'Église de Nogent-les-Vierges.

MARS 1825.

AVANT-PROPOS.

La vie des Vierges sainte Maure et sainte Brigide n'a été, à ma connaissance, publiée qu'une seule fois séparément sous le titre d'*Histoire des saintes Princesses Maure et Brigide, martyrisées à Balagny*, etc. Cet ouvrage est si mal-écrit, il est rempli de faits si singuliers, pour ne pas dire plus, que la lecture m'en a toujours paru insoutenable. J'ai pensé que la publication d'une nouvelle Histoire des Vierges sainte Maure et sainte Brigide pourrait être une chose agréable aux habitans de Nogent, dont le pays est sous la protection de ces saintes Princesses, et aussi aux nombreux fidèles que la dévotion à leurs reliques amène tous les ans, le jour de l'Ascension, au pied de leurs châsses. Parmi les nombreuses versions qui existent de l'histoire de ces Saintes, celle comprise dans l'histoire du Beauvoisis, par Louvet, m'a paru mériter la préférence. Je l'ai donc adoptée. J'ai fait au texte quelques additions tirées des divers martyrologes que j'ai consultés, et au style de nombreuses corrections ; mais, en retranchant beaucoup de longueurs, en remplaçant des phrases obscures par d'autres plus intelligibles, j'ai respecté la naïveté de l'ensemble, mon opinion étant que la langue du dix-neuvième siècle n'est pas celle qui convient à ce genre d'écrit.

Nogent-les-Vierges, 10 Mars 1825.

A. G. H.

LÉGENDE

DES VIERGES

S^{TE} MAURE ET S^{TE} BRIGIDE.

Du temps du roi Clovis, environ l'an cinq cent, deux Vierges se trouvèrent en France, lesquelles étaient filles d'Ella (1), roi d'É-

(1) Cet Ella est probablement celui indiqué dans les annales d'Angleterre, comme étant un prince saxon, venu en 477, à la suite d'Hengist, s'établir dans le Northumberland, et qui fut roi d'un des sept royaumes saxons qui subsistèrent environ cent cinquante ans dans le nord de l'Angleterre, sous le nom d'*Heptarchie*.

cosse et de Northumberland, et de Pantilémona, sa femme. En leur naissance, qui arriva en un et même jour, la famine et la mortalité dont le Royaume était grandement affligé cessèrent. Leur mère mourut incontinent après leur avoir donné le jour. Le Roi les ayant fait baptiser, l'une fut nommée *Maure*, et l'autre *Brigide*. On dit que, durant leur baptême, les oiseaux ramagèrent plus moelleusement, et les fleurs espandirent plus suave odeur qu'accoutumée. On bailla deux nourrices aux deux Princesses :

celle de Brigide perdit le lait de ses deux mamelles aussitôt que l'enfant y eut touché ; celle de Maure ne le perdit que de la mamelle dextre ; mais la mamelle gauche en resta tellement pourvue, qu'elle suffit amplement à allaiter les deux jumelles. Dieu voulut probablement, par ce fait, annoncer que ces deux filles, qui avaient reçu la vie ensemblement, devaient aussi puiser leur subsistance à une seule et même source ; un seul et même sentiment devant les animer le restant de leurs jours, comme si ce n'é-

taient deux corps séparés. Ces
deux filles, étant arrivées à l'âge
de treize ans, commencèrent à
se dévouer au service de Dieu.
Maure, s'adonnant à jeûnes et
oraisons, fréquentait les moû-
tiers et les monastères ; Brigide
s'adonnait à œuvres de charité.
Ces deux Princesses avaient entre
elles une émulation à qui mieux
ferait, de manière à se rendre
plus agréables à Dieu. Parvenues
que sont ces Princesses à l'âge
d'être mariées, le Roi leur père,
espérant par leurs lignées obtenir
quelques humaines consolations,

se dispose à les unir chacune à quelque puissant Prince : il leur fait donc entendre son intention ; mais elles lui font réponse qu'elles avaient appris que leur venue dans ce monde en avait fait sortir leur mère ; et que, pour l'esmoi qu'elles en ressentaient, elles s'étaient vouées à Dieu auquel elles voulaient consacrer leur virginité, préférant ce divin servage à tout autre charnel et mondain. Cette résolution, qui l'étonne, l'incite un autre jour d'employer pour les gagner belles et amiables paroles ; mais elles lui font même réponse. Il s'en ébahit davantage, et, sans s'y arrêter, comme il voulait leur mariage, il se proposa de les unir contre leur gré et volonté ; mais, avant l'accomplissement de ce dessein, Dieu fit qu'il trépassa de ce monde. Ces Princesses, qui n'aspiraient à autre but qu'au Royaume céleste, craignant qu'en demeurant au milieu des honneurs de ce monde, leurs saints désirs vinssent à se refroidir, se délibérèrent de quitter l'Écosse, et d'emmener avec elles leur frère, qui avait nom Hyspadius, et qui, bien qu'il fût

fort recommandable par ses per-
fections et vertus, avait été jugé
par les grands du pays impropre
au trône, à cause de la faiblesse
de son esprit et celle de son corps.
A cette fin, s'étant vêtues comme
pélerines vulgaires, un bourdon à
la main, elles quittent leur palais
pendant la nuit, résolues de visiter tous les lieux de la terre où
elles savaient que gisaient des
corps et des reliques de saints
martyrs. Le malin esprit, qui est
fort avide de ces âmes pures,
comme le sont celles de nos Vierges, s'attacha tout aussitôt à leurs

pas dans l'intention de faire faillir leur vertu; mais il ne réussit pas. Sa première tentative eut lieu dans le manoir d'une pauvre veuve, où elles s'étaient réfugiées pour passer la nuit. Cette veuve avait un fils, lequel, s'étant forte- ment épris de la grande beauté de la Princesse Maure, vint pen- dant la nuit à la porte de la cham- bre où il estimait qu'elle reposait, avec l'intention de s'y introduire; mais la vertueuse Princesse, qui entendit du bruit, se mit incon- tinent à prier avec ferveur; ce qui fit que le jeune homme demeura, par la volonté de Dieu, privé tout à coup de la raison et du mouvement, de telle sorte qu'on le trouva le lendemain à la même place, dans ce piteux état, dont il ne fut tiré que par les prières des Vierges. Le second effort de Satan fut en la maison d'un laboureur marié, chez lequel elles s'étaient logées; là leur vertu triompha encore des desseins impudiques de leur hôte, lequel, voyant qu'il n'avait pu exécuter ses vilains projets, mit le feu à sa maison, espérant par ce moyen les brûler dedans; mais

Dieu ne permit pas que le feu atteignît les Princesses, quoique la maison en fût tellement embrasée qu'elle s'écroula tout aussitôt qu'elles en furent sorties saines et sauves, aussi bien que leur frère Hyspadius. Échappées qu'elles sont à ce malheur, elles profitent de l'occasion d'un vaisseau sur le point de mettre à la voile, pour se rendre en Italie. Jamais voyage semblable ne s'était fait aussi vitement ni aussi heureusement ; il semblait, à vrai dire, que Dieu soufflât lui-même dans les voiles : aussi le maître du navire ne voulut rien prendre pour leur passage, voyant bien que c'était à la sainteté de ces passagers qu'il devait une aussi extraordinaire traversée. Quand elles furent débarquées, elles se rendirent droit à la ville de Rome, où elles logèrent dans le palais d'un nommé Ursinius, lors possédé du démon ; mais bientôt, par les prières de nos Vierges, il en fut délivré.

Ce miracle enflamma tellement la foi de ce jeune homme, que dès cet instant il voulut devenir compagnon des pélerinages

2.

de ces saintes personnes, et c'est de lui duquel nous tenons le récit des choses que les Vierges ont faites depuis leur arrivée à Rome; tout ce qui leur était advenu jusqu'alors lui ayant été tu par ces saintes Princesses pour éviter la vaine gloire. C'est lui qui a raconté que, par suite de la contemplation parfaite de nos Vierges, la sainte face de notre Seigneur, qu'elles avaient toujours présente à la pensée, se trouva empreinte sur le mur de l'église qu'elles fréquentaient; tout comme elle le fut jadis sur le saint

Suaire, de telle sorte que chacun depuis ce moment put la voir. Leurs dévotions accomplies en ce lieu, elles s'embarquent pour la Terre-Sainte ; elles se rendent de prime abord en la ville de Jérusalem, où elles visitent tous les lieux de notre rédemption ; non sans grands périls pour leur chasteté, plusieurs des mécréans maîtres actuels du tombeau du Seigneur ayant voulu attenter à leur pudicité ; ce qui fut cause qu'elles se remirent presque incontinent sur mer, et s'en furent débarquer à Marseille en Provence, où, frappées de la grande renommée de sainteté de saint Gilles et de celle de Césarius, évêque d'Arles, elles les allèrent visiter, et, par le conseil du dernier, s'acheminèrent vers la ville d'Angers. Là, sainte Maure ressuscita le fils d'une veuve nommée Aldegonde, laquelle, avec son fils qui s'appelait Jehan, voulut dès cet instant augmenter la compagnie des saintes Princesses. Les habitans d'Angers, réjouis de ce miracle, voulaient à toute force que les Vierges demeurassent en leur ville, mais sainte Maure s'en excusa ; de manière que, partant de cette cité en la compagnie d'Hyspadius, d'Ursinius, d'Aldegonde et de Jehan, elles arrivèrent en un endroit où sainte Maure renouvela, par l'ardeur de ses prières, le miracle que naguères elle avait opéré à Angers. Elle rappela à la vie un jeune homme qui avait été tué d'un coup de flèche ; son nom était Johel ; il était fils unique de Gérontius, homme noble, Seigneur châtelain du lieu. En le rendant à l'existence, Maure prophétisa qu'il ferait un jour sacrifice de son corps à Dieu; ce qui arriva en effet, ce jeune homme ayant été martyrisé à l'âge de vingt-deux ans en la compagnie des Vierges. Après que les Princesses eurent demeuré. quelque espace de temps en cet endroit, elles délibérèrent de partir; ce qui ayant été connu de Gérontius, il les pressa fort de rester, offrant à sainte Maure de lui donner en propriété une maison commode pour y fonder une maladerie; mais elle se défendit d'accepter, disant que telle n'était pas la volonté de Dieu à son égard. Gérontius, voyant que par belles offres et par supplications il ne pouvait espérer la retenir, oubliant la faiblesse de son âge, résolut de la suivre avec son fils Johel. C'est pourquoi Maure, Brigide et Hyspadius, accompagnés d'Ursinius, d'Aldegonde, de Jehan, de Gérontius et de Johel, partirent de ce lieu, et se dirigèrent vers le Beauvoisis. Après quelques journées de marche, cette sainte association arriva au bourg de Balagny-sur-Therrain. Fatiguée du long chemin qu'elle vient de faire, elle s'arrête au bord d'une fon-

taine pour y prendre quelque re-
pos; mais presque aussitôt quatre
voleurs sortent d'un bois, se jettent sur les Saintes et leurs compagnons, leur ravissent tout ce
qu'ils trouvent à leur convenance;
et, s'apercevant que les Princesses
étaient moult belles, ils les traî-
nent vers une caverne de la forêt,
afin d'en esbattre et en gaudir leur
brutalité. Mais, voyant qu'ils ne
pouvaient les faire acquiescer à
leurs sales et dépravées affections,
ains qu'au contraire elles leur ré-
sistaient avec une force qui ne
pouvait leur venir que Dieu ai-

dant, et que, d'autre part, Hyspadius leur frère, quoique blessé
et navré fortement, ne laissait de
courir sus pour empêcher leurs
mauvais desseins, et était sur le
point de les atteindre, ils prirent
le parti de les tuer. Ce fut un
nommé Grinhart qui de sa masse
d'armes (1) écrasa le cerveau de

---

(1) Louvet ne disait pas *masse d'armes*,
mais *coup de lance*. — Une peinture à
l'eau d'œuf, que j'ai jugée, aux costumes des
personnages qui y étaient représentés, être de
la fin du 14ᵉ siècle, a long-temps orné la nef
de l'église de Nogent. Le temps l'avait tellement dégradée, qu'en 1818 on fut obligé de
la confondre dans le badigeonnage de l'église

sainte Maure, laquelle néanmoins ne tomba pas aussitôt, mais se tint debout en attendant le martyre de sa sœur Brigide, laquelle, après qu'un autre brigand lui eut pareillement écrasé le cerveau,

---

qu'on fit à cette époque. C'était un monument curieux, soit qu'on le considérât sous le rapport de l'art, ou sous celui de l'histoire du pays. Or, dans cette peinture, dont j'ai dessiné les parties qui avaient le moins souffert, le bourreau de sainte Maure était représenté armé d'une masse d'armes à pointes ; c'est ce dont peuvent se souvenir encore tous les habitans de Nogent qui ont vu cette peinture. J'ai donc substitué une masse d'armes à une lance, parce que cela m'a paru plus raisonnable ; on n'écrase pas des cerveaux avec une lance. Voici ce qu'il sera arrivé : Louvet,

tomba par terre, et le corps de sainte Maure dessus elle. Par ainsi ces deux Princesses Vierges, qui avaient pris naissance en un même jour, parvinrent en même temps et ensemblement au Royau-

---

comme tous les écrivains qui se sont occupés de l'histoire des Vierges sainte Maure et sainte Brigide, a puisé dans un vieux légendaire latin, qui avant la révolution était conservé dans les archives de Saint-Évremont de Creil; ce légendaire était, à ce qu'il paraît, en fort mauvais état, ce qui lui a mal fait lire le passage. Les compositeurs de la peinture de Nogent avaient probablement puisé à la même source, mais dans un temps bien antérieur. Le manuscrit alors n'était pas abîmé, et ils ont armé le bourreau d'une masse d'armes. Cette tradition m'a paru préférable.

me céleste. Ursinius a dit avoir vu en cet instant un linceul lumineux envelopper le corps des Vierges, et leurs belles âmes monter de la terre au ciel sous la forme de deux colombes plus blanches que neige (1). Il vit aussi que dans le même moment un nommé Ricoart pourfendit de son épée la tête à Hyspadius. Ces

---

(1) Une chapelle fut construite sur le lieu même où elles reçurent le martyre; elle existe encore. Des reliques lui furent données par Nogent, en 1700. Les gens du pays assurent que la place où les Princesses expirèrent est frappée de stérilité depuis le jour du forfait.

infâmes scélérats, non encore sa-
tisfaits de la mort de ces trois
saints personnages, attaquèrent
ceux restans qui s'étaient appro-
chés dans l'espérance de sauver
les Princesses et leur frère, et à
coups de masses et de dagues les
déconfirent tellement qu'il n'en
resta qu'Ursinius qui parvint à s'é-
chapper. Ces affreux meurtriers
ne portèrent ce crime long-temps
impuni, parce qu'en même temps,
par la volonté divine, ils s'entre-
occirent tous les uns les autres,
et se livrèrent ainsi eux-mêmes
au démon qui les avait inspirés.

Ce qu'ayant aperçu de loin Ursinius, il se rapprocha. Mais quelle fut sa douleur quand il aperçut l'horrible boucherie ! A cette vue, il se prit à plorer amèrement, et à faire entendre grandes clameurs ; et, dans l'excès de son déconfortement, il perdit connaissance. Dieu lui apparut alors qui lui ordonna d'ensevelir les corps des Vierges ensemblement, et ceux de leurs malheureux compagnons séparément. Ce qu'il fit tout aussitôt qu'il fut sorti de sa léthargie. Il se mit ensuite en oraisons sur le tombeau des saintes princesses, et y resta l'espace de dix jours, et jusqu'à la quatrième heure de la dixième nuit, en laquelle il ouït une voix lui disant : « *Très-fi-* « *dèle ami, retire-toi ; celui* « *pour l'amour duquel nous* « *avons souffert la mort veut que* « *nos corps demeurent ici jus-* « *qu'à un autre temps ; ils ne res-* « *teront pas en oubli auprès de* « *celui qui a souvenance de* « *tout.* » Ce qu'ayant entendu Ursinius, il s'éloigna.

La nouvelle de l'exécrable forfait commis sur les Vierges fut bientôt espandue dans le pays, comme l'était déjà la renommée de leurs vertus. Les habitans de Balagny et des environs se rendirent en foule sur la terre qui recélait leurs corps, pour y prier et obtenir leur intercession auprès de Dieu dans leurs afflictions. Maints malades et affligés furent guéris. Cependant Ursinius s'était rendu auprès de l'Évêque de Beauvais, lui avait fait un récit naïf de la vie et de la mort des Saintes. Ce prélat, instruit presqu'au même instant des miracles qui s'opéraient chaque jour sur leur tombeau, se rendit à Balagny , où , sur la dé-position d'Ursinius et celle des habitans , il écrivit un acte qui depuis a servi à rédiger cette pre-mière partie de leur légende. Le temps, en augmentant le nombre de leurs miracles , augmenta aussi la renommée de leur sain-teté , de telle sorte que bientôt elle fut éparse par toute la France , et parvint ainsi aux oreilles de sainte Bathilde (1) , Reine de

(1) A l'époque où vivait cette Reine , les Rois de France , comme l'a très-bien prouvé l'abbé Le Bœuf , avaient un palais à Nogent-les-Vierges.

France, veuve de Clovis deuxième du nom, qui, l'an six cent quarante-cinq, faisait terminer l'abbaye de Chelles pour s'y retirer. Elle prit aussitôt la résolution de visiter le bourg de Balagny avec une notable compagnie de noblesse, à intention d'enlever les reliques, et d'en enrichir la sainte retraite qu'elle se préparait. Arrivée donc où elles gisaient, elle les fait enlever, et placer sur un char qu'elle fit diriger par le val du Therrain, à intention de passer la rivière à Creil. Mais, parvenu au carrefour de Nogent, le char s'arrêta, et il ne fut plus possible par industrie humaine ou par force de chevaux et de bœufs, de le mouvoir de là. La Reine, étonnée de ce fait, comme toute sa suite, ordonna qu'on laissât les animaux sans aucun conducteur, libres d'aller où bon leur semblerait, afin qu'on reconnût de la sorte quel était le bon plaisir et vouloir divin au sujet du lieu où ces corps devaient être honorés; ce qu'étant fait, les chevaux et les bœufs, sans instigation d'aucune personne, menèrent le

char jusqu'à l'endroit présente-
ment nommé la Croix-des-Vier-
ges ; et bien que là, contre la dé-
fense de la Reine, les pages et
les varlets tâchassent de nouveau
de leur faire prendre une autre
direction, ils s'y montrèrent tellement rétifs, que force fut de
les laisser aller où bon leur semblerait. Ce que finalement, pre-
nant leur chemin vers l'église
de Nogent (où les cloches son-
naient sans le ministère de personne), y conduisirent les saintes reliques dans la partie du
cimetière qui lors était à l'o-

rient de l'église, à l'endroit où actuellement est construit le chœur ; ce que voyant la Reine et la noblesse qui l'accompagnait, il fut arrêté que le tout demeurerait en l'état que Dieu l'avait voulu (1). Les habitans de Nogent construisirent alors un caveau où furent respectueusement déposées les saintes re-

______

(1) Cette Reine avait du malheur dans ses enlèvemens de corps saints : elle voulut quelque temps après enlever le corps de saint Éloy, de Noyon où il était ; on le chargea sur un chariot ; mais il devint alors si pesant, que force fut de le laisser ; aucun effort humain ne put le faire bouger.

liques qui venaient, par un choix tout particulier de Dieu, d'être confiées à leur garde, pour y rester jusqu'à ce que le pape en eût ordonné autrement. Les corps des Vierges reposèrent en cet endroit cinq cent quarante ans, c'est-à-dire jusqu'à l'année onze cent quatre-vingt-cinq, qu'un miracle fort singulier vint réchauffer la dévotion à leurs reliques, qui commençait à se refroidir. Or donc, à cette époque, les serviteurs de messire Garnier, chevalier de Senlis, perdirent une vache de couleur tota-

lement noire. Après l'avoir cher-
chée long-temps sans la trouver,
ils s'avisèrent de porter leurs pas
vers le cimetière de Nogent.
Ils la trouvèrent couchée sur le
tombeau des Vierges, ils la for-
cèrent à se lever; mais quel fut
leur ébahissement, quand ils vi-
rent qu'elle était devenue blanche du côté qui avait touché la
terre qui couvrait le caveau!
Émerveillés qu'ils sont, l'un dit
que ce n'était la vache qu'ils
cherchaient; l'autre dit que si
c'était la même, il n'y avait qu'à
la laisser libre, qu'elle prendrait

sûrement le chemin de son étable, comme elle avait accoutumé de le faire; ce à quoi elle ne manqua pas. Les serviteurs racontèrent cette merveille à tous ceux qu'ils rencontrèrent, montrant la vache noire devenue blanche d'un côté. A quelques jours de là, cette même vache, s'étant de nouveau échappée, vint se coucher à la même place. Le lendemain les serviteurs vinrent la chercher dans le cimetière de Nogent, ne doutant pas qu'elle y fût retournée. Nouvel ébahissement! la vache, qu'ils trouvèrent couchée sur le côté resté noir, était devenue totalement blanche, et de la blancheur la plus éclatante. A la nouvelle de ce nouveau miracle, les aveugles, les paralytiques et les affligés de toute espèce abondèrent sur le tombeau des Vierges ; et la plupart, ceux au moins qui, par l'énormité de leurs péchés, n'avaient pas encouru la trop grande colère de Dieu, s'en retournaient sains et guéris, avec grande joie et liesse, chantant force louanges au Seigneur. Le nombre des guérisons qui s'opérèrent dans cette circonstance fut si considérable, qu'il ne fut d'autre bruit dans toute la France, et parvint même à la connaissance du pape; en sorte que, par son ordre, les évêques de Beauvais et Senlis se transportèrent à Nogent, qui, à compter de cette époque, prit le nom de *Nogent-les-Vierges*. Là, ils examinèrent les faits, et, s'étant assurés de leur vérité, ils levèrent les corps des Saintes, et en firent la translation dans l'église de Nogent, en faveur de laquelle le Saint-Siége octroya cent jours d'indulgence à ceux qui visiteront ladite église, et les reliques des saintes Vierges-Martyres Maure et Brigide, depuis le premier dimanche d'après l'Ascension, jusqu'à la fête de la nativité de saint Jean-Baptiste.

Le pape Urbain III canonisa ces Saintes, qui depuis furent inscrites dans nombre de martyrologes. Chaque année vit augmenter la dévotion à leurs reliques, et le concours des fidèles au jour de leur fête. Le renom de ce pélerinage devint même si grand, que, l'an mil deux cent quarante et un, le roi saint Louis

y vint accompagné d'Eudes, coad-
juteur de l'évêque de Beauvais,
lequel mit en des châsses (1), of-
fertes par la munificence royale,
les précieuses reliques de nos
Saintes; et ce pieux monarque

---

(1) Ces châsses existaient encore en 1634,
mais à cette époque on les renouvela. Celles
qu'on leur substitua furent données par le
sieur Chaillou, maître des comptes, qui était
seigneur de Nogent et Villers. En 1723, le
sieur Malo, fermier-général, donna celles qui
existent actuellement. Il était malade depuis
long-temps, abandonné des médecins; il pensa
par cette offrande obtenir du Ciel la guérison
après laquelle il aspirait. Louis de Banne,
comte d'Avejan, était alors seigneur de Nogent et Villers.

conçut, après cette cérémonie, une telle dévotion en elles, qu'en leur honneur et gloire il fit agrandir l'église de Nogent, et construire à ses frais le chœur tel qu'on le voit aujourd'hui, ordonnant de placer le maître-autel immédiatement au-dessus du caveau (1) où les corps des Saintes

____

(1) Un caveau existe encore sous la sacristie ; la tradition veut que ce soit le même où les Vierges reposèrent plus de cinq cents ans. A l'époque de la révolution, en 1792, il servit à dérober aux fureurs de ces temps malheureux les reliques de nos Saintes, qui, déposées en cet endroit par des mains pieuses, en furent retirées en 1803.

avaient reposé si long-temps. C'est ce que nous apprend un récit authentique renfermé dans les châsses. La possession de reliques aussi précieuses devint bientôt un objet d'envie pour les églises qui en étaient privées. C'est ce qui incita deux religieux du monastère de sainte Maure en Anjou, lequel avait été fondé par le chevalier Gérontius, en reconnaissance de la résurrection de son fils, de venir à Nogent pour y dérober ces reliques. Arrivés qu'ils sont, ils simulent de faire leur neuvaine, en attendant l'occasion d'enlever le trésor qu'ils convoitent. L'ayant trouvé comme il leur semblait, ils s'emparent du contenu des châsses, et partent à la nuit tombante, espérant par ce moyen que la connaissance de leur vol ne viendrait à la connaissance d'aucun : mais Dieu en disposa tout autrement ; car, bien qu'ils eussent cheminé toute la nuit, ils se trouvèrent le lendemain être encore sur le territoire de Nogent. Là, rencontrés par les laboureurs qui allaient à leur labeur, ils sont interrogés qui ils étaient, où ils allaient, quelles choses ils portaient. Ils font réponse qu'ils étaient marchands forains de lointain pays, désirant gagner le chemin de la ville de Chartres, d'où ils estimaient être fort proche. Les laboureurs leur font entendre qu'ils en sont bien éloignés, les assurant qu'ils sont à Nogent-sur-Brêche; iceux opiniâtrément maintiennent le contraire, disant qu'ils en étaient sortis depuis nombre d'heures, et avaient cheminé fortement et sans relâche. Devenant par ce fait suspects aux laboureurs, on jette les mains sur eux, et on les trouve nantis des saintes reliques. Les religieux, se voyant découverts, se jettent à genoux, confessent leur péché, font restitution, demandent merci, et prient qu'on les laisse aller libres et saufs ; ce qui fut fait.

En l'an mil trois cent quarante-trois, le lundi d'après la fête de Saint-Martin d'été, Jean de Marigny, évêque lors de Beauvais, s'étant transporté, suivant la coutume, au village de Nogent pour y faire la visite pastorale, fit ouverture des châsses, èsquelles il trouva deux sacs de cuir renfermant tous les os des saintes Vierges, à l'exception des chefs, qui étaient en une autre séparément. Cet évêque en détacha les mentons, afin d'en enrichir son église cathédrale de Beauvais ; mais, à quelque temps de là, il fut pris d'une fièvre quarte en punition divine de cet enlèvement. Augurant bien qu'il ne guérirait qu'autant qu'il ferait restitution, il renvoya ces reliques à l'église de Nogent, où elles sont encore en de petits vaisseaux argentés et dorés. Tel est l'historique de la vie des saintes Princesses Vierges et Martyres, Maure et Brigide, et celui des miracles opérés après leur mort par la vertu de leurs reliques, tels que nous les ont conservés les vieilles légendes et la tradition.

***

Depuis l'époque où Louvet a terminé son histoire, de nouveaux miracles ont, dit-on, manifesté la puissance des reliques de nos Saintes. Ainsi on leur attribue la cessation de la peste qui, en 1637, désola la ville de Beauvais. Les habitans du quartier Saint-André, sur lesquels avait plus particulièrement frappé ce terrible fléau, fondèrent par reconnaissance une confrérie, sous le nom de sainte Maure et sainte Brigide, à laquelle l'évêque Choart de Bezenval donna par la suite des réglemens. La paroisse de Saint-André, abattue dans la révolution, possédait des reliques de nos Vierges; elles sont actuellement à la cathédrale, où on leur a consacré une chapelle particulière.

On dit encore que dans les années 1681 et 1735, remarquables par d'innombrables quantités de chenilles qui menacèrent de dévorer toutes les récoltes, les habitans de Balagny et de Nogent, accompagnés de ceux des communes voisines, ayant descendu leurs châsses, et les ayant promenées dans la campagne, furent préservés des malheurs qu'ils redoutaient.

INDICATION

DES JOURS DE FÊTES EN L'HONNEUR

DE

SAINTE MAURE ET SAINTE BRIGIDE.

Veille de l'Ascension de Notre – Seigneur, descente des châsses.

Jour de l'Ascension de Notre-Seigneur, sortie des châsses, grande solennité.

Le dimanche dans l'octave de l'Ascension, fête des saintes reliques.

13 juillet, fête de sainte Maure et sainte Brigide.

Le dimanche dans l'octave de la fête des Vierges, sainte Maure et sainte Brigide, remontée des châsses.

30 janvier, fête de l'invention et de la translation des corps de sainte Maure et sainte Brigide.